DIE REIHE
Archivbilder

SIMMERING

WIENS 11. BEZIRK

DIE REIHE
Archivbilder

SIMMERING
WIENS 11. BEZIRK

Petra Leban und Hannelore Leban

SUTTON
VERLAG

Sutton Verlag GmbH
Hochheimer Straße 59
99094 Erfurt
www.suttonverlag.de
Copyright © Sutton Verlag, 2001

ISBN 978-3-89702-395-6

Druck: Books on Demand GmbH, Norderstedt, Deutschland

Titelbild: Turnerinnen des Arbeitersportvereins, um 1930.

Inhaltsverzeichnis

Diese Simmeringer Familie wurde um 1890 von Otto jun., Simmeringer Hauptstraße 49, fotografiert.

Machen Sie sich ein „Bild"
von Simmering – eine Einleitung

Geographische Länge und Breite:
16,22° östliche Länge
48,12° nördliche Breite

Fläche:
mehr als 23 km^2

Meereshöhe:
an der Ecke Geiselbergstraße/Hauffgasse: 180,5 m
an der Ecke Kaiserebersdorferstraße/Schmidgunstgasse: 157,4 m

Einwohnerzahl:
1900: 37.075
1961: 48.367
2000: 77.958

Auf dem Gebiet des heutigen 11. Bezirkes Simmering bestanden schon im Mittelalter drei Orte: Simmering, Kaiserebersdorf und Albern. Sie entwickelten sich getrennt und wurden relativ spät zusammengefaßt.

Simmering wurde erstmals 1028 in einer Schenkungsurkunde des Adeligen Gottschalk als „Simanningen" erwähnt. Der Kern der kleinen Dorfsiedlung lag im Gebiet des Kirchenberges von St. Laurenz und entwickelte sich entlang der heutigen Mautner-Markhof-Gasse. Noch um die Mitte des 19. Jahrhunderts bot Simmering ein weitgehend ländliches Erscheinungsbild. 1850 wurde es freie Gemeinde. War Simmering ursprünglich überwiegend von Bauern, Gärtnern und Fuhrwerkern besiedelt gewesen, denen sich entlang der Verkehrswege Gastwirte anschlossen, so kam es durch die Entstehung von Industriebetrieben in der Gründerzeit zum Zuzug Tausender, die sich hier eine Beschäftigung als Arbeiter suchten.

Kaiserebersdorf, im Mittelalter Sitz eines mächtigen Adelsgeschlecht, lag im wildreichen Augebiet der Donau und war später kaiserliches Jagdgebiet. Durch die Lage abseits der Fernstraßen widerstand es der Verstädterung länger als Simmering. Die Bewohner lebten vor allem vom Acker- und Gemüsebau.

Albern hatte Jahrhunderte lang, wie auch Kaiserebersdorf, unter schweren Überschwemmungen zu leiden. Die Lage an der Donau war aber auch Grundlage für den Lebensunterhalt des Großteils der Bewohner: Sie lebten vom Fischfang.

1891 schloß man die Gemeinden Simmering und Kaiserebersdorf zum 11. Wiener Gemeinde-bezirk zusammen, 1956 folgte schließlich Albern.

In den zwanziger bzw. in den fünfziger Jahren des 20. Jahrhunderts erfuhr der Bezirk Simmering durch zahlreiche Wohnhausbauten der Gemeinde Wien starke städtebauliche Veränderungen. Die Ende des 20. Jahrhunderts entstandenen Bezirksteile Leberberg und G-Town, die revitali-sierten Gasometer, bewirken erneut einen Wandel der Urbanität und der Bevölkerungsstruktur Simmerings.

Die zirka 200 in diesem Buch zusammengestellten historischen Fotos und Ansichtskarten aus dem Archiv des Bezirksmuseums sollen Einblicke in die Bezirksgeschichte Simmerings von ungefähr 1890 bis 1960 geben. Die kurz kommentierten Bilder zeigen einerseits den Arbeitsalltag der Bezirksbewohnerinnen und Bezirksbewohner, andererseits die Facetten ihrer, oft sehr kar-gen, Freizeit und versuchen, den Betrachter auf historische Prozesse sowie auf die Kultur und die Mentalitäten der Menschen aufmerksam zu machen.

Für Hinweise und Unterstützung herzlichen Dank Herrn Dr. Burger, Wiener Stadt- und Landes-bibliothek, Herrn Prof. Hans Havelka, Bezirksmuseum Simmering, Herrn Mag. Ritter, MA-66, und Herrn Franz Leban.

Wir, die Autorinnen, hoffen, Ihnen mit diesem Bildband den geschichtsträchtigen 11. Wiener Bezirk Simmering noch näherbringen zu können!

1

Natur und Energie gut genutzt –
Gärtner, „Gaserer", E-Werks-Personal

Seit dem 19. Jahrhundert ließen sich Waldviertler und danach auch Bulgaren vor allem auf der Simmeringer Haide als Gärtner nieder. Hauptsächlich Kraut und Kohl, aber auch andere Gemüsesorten wurden angebaut und auf den Wiener Märkten zum Verkauf angeboten. Zwei Betriebe, das städtische Gaswerk und das städtische E-Werk, entstanden um 1900 auf einem Teil der Simmeringer Haide. Ein Jahr nach Betriebsbeginn zählte das Gaswerk 2.000 Arbeiter. Die Arbeitsbedingungen, wie das Hantieren mit giftigem Gas und 18stündige Arbeitsschichten, waren denkbar ungesund. Im Laufe der Jahre verbesserte jedoch die Gaswerksleitung die Arbeitsbedingungen für die „Gaserer", wie die Gaswerksarbeiter im Volksmund genannt wurden, wesentlich.

Drei Generationen in der Gärtnerei Johann Weikertschläger, Anfang der dreißiger Jahre.

Die Gärtnerei Sikora, um 1900. Sie befand sich auf dem Areal, wo sich heute ein Teil des Simmeringer Ortsfriedhofes erstreckt.

Das Foto von der Gärtnerei Deutsch in der Neugebäudestraße entstand um 1936.

Alle arbeiteten in der Kaiserebersdorfer Gärtnerei zusammen.

Früh übt sich ... Mit Gießschaufeln wurden die Gemüsebeete bewässert.

Gärtnerarbeit am pferdebetriebenen Göpelbrunnen im Jahre 1935.

Mit ausreichender Bewässerung – in den dreißiger Jahren noch händisch – wurde eine ertragreiche Ernte erzielt.

Ein Radbrunnen auf der Simmeringer Haide, um 1932.

Gärtnerinnen waren mit dem Bestellen der Felder an der Trasse der Aspang-Bahn beschäftigt.

Das von Bezirksvorsteherstellvertreter Zahalka initiierte Nothaus für ausgebombte Gärtner auf einem Foto aus dem Jahre 1954.

Ein Gärtnerwagen in der Kaiserebersdorferstraße auf der Fahrt zum Markt, 1935.

Das 1899 fertiggestellte städtische Gaswerk auf der Simmeringer Haide, um 1900.

Simmerings Wahrzeichen sind die vier Gasometer. Als Gasspeicher erbaut, wird das gesamte Areal heute G-Town genannt und für Wohnungen, Geschäfte und Freizeiteinrichtungen genutzt. Foto, um 1920.

Bei der Gaserzeugung im Ofenhaus, 1928.

Die Musikkapelle des Gaswerkes Simmering, um 1930.

Wegen des steigenden Strombedarfs in Wien ab dem Ende des 19. Jahrhunderts initiierte die Stadtverwaltung den Bau eines Elektrizitätswerkes in Simmering, das 1902 in Betrieb genommen wurde. Das Foto entstand um 1930.

Innenansicht des E-Werkes, um 1930.

Maschinenhalle des E-Werkes.

Die Belegschaft des Simmeringer E-Werkes, 1925.

2

„Arbeit ist das halbe Leben" –
Berufe stellen sich vor

Die Palette der Berufe in Simmering war groß. Hier wird eine Auswahl gezeigt. Fabrikarbeiter und Bedienstete des Zentralfriedhofes, für den 11. Bezirk typische Berufe, wurden anscheinend nur selten bei der Arbeit fotografiert. Daher steht kein Bildmaterial für die Publikation zur Verfügung.

Ein Triebwagen der Straßenbahnlinie 73.

Das Gruppenbild der Tramwayer im Bahnhof Simmering vor einem geschmückten Waggon entstand am 1. Mai in den fünfziger Jahren.

Auch Schienen müssen gereinigt werden – Schienenreinigungswagen, 1958.

Der Straßenbahnschaffner Willi Leitner
im Jahre 1942.

Der neue Triebwagen T2 der Linie 71 war in Richtung Zentralfriedhof unterwegs, um 1960.

Radwechsel in der Werkstätte Millich in der Kopalgasse.

Der Pracker, eine alte Bezeichnung für mobile Obst- und Gemüseverkäufer, bot seine Waren vor dem Kleinhof in der Herbortgasse feil, um 1933.

Fahrender Eisverkäufer auf der „Simmeringer Had".

25

Die Bierkutscher von Mautner Markhof.

Das „Germwagerl" von Mautner Markhof, um 1930.

Mit dem Handschlag wurde der Roßkauf besiegelt, um 1935.

Schneepflüge in der Grillgasse, 1944.

Für Sauberkeit waren die Straßenkehrer der Dienststelle Simmering verantwortlich. Das Foto entstand 1930.

Die Kanalbrigade hatte im Jahre 1940 ein junges, interessiertes Publikum.

Der Laternenanzünder in Kaiserebersdorf auf einer Glückwunschkarte aus der Zeit um 1910.

Jeder versuchte in den dreißiger Jahren, auf seine Art zu überleben: der Werkelmann in der Braunhubergasse ...

... und auch die Straßenmusikanten.

3

Helfer unterwegs –
Feuerwehr und andere Institutionen

Gefahren, wie zum Beispiel die Brandgefahr aufgrund der mit Holz gefeuerten Öfen, bedrohten die Bevölkerung ständig. Die organisierte Brandbekämpfung begann in Simmering im 19. Jahrhundert, und im Laufe der Zeit gründeten sich sieben Feuerwehren. Eine 300jährige Tradition hatte die Poststation in Simmering, wo auf der Strecke nach Ungarn Postillione und Pferde zum Wechseln bereitstanden. Für die örtliche Postzustellung im Simmeringer Raum wurden Postämter, unter anderem in der Hauffgasse, eingerichtet.

Die Rettungsmannschaft der Freiwilligen Turnerfeuerwehr, um 1910.

Die Männer der Freiwilligen Turnerfeuerwehr ließen sich im Depot auf dem Geiselberg um 1930 fotografieren.

Am 30. Juni 1902 stand die Jutespinnerei in Flammen. Die Freiwillige Turnerfeuerwehr war zur Brandbekämpfung ausgerückt.

Die Betriebsfeuerwehr der sogenannten Schichtfabrik, später Unilever, an der Ecke Schemmerlstraße/Grillgasse, um 1925.

Die Freiwillige Turnerfeuerwehr mit ihrem Hauptmann Scharfrichter Josef Lang.

Bei einer Übung: Der Pumpenwagen wurde zum Brandort gezogen, ...

... mit der Saugpumpe wurde das Löschwasser angesaugt ...

... und der Brand bekämpft.

Die Montage der Schläuche. Die Brandschutzübung fand anläßlich des 80jährigen Gründungs-festes der Betriebsfeuerwehr der Spinnfabrik auf dem Geiselberg 1952 statt.

Alexander Lug war k.k. Sicherheitswachmann.
Das Portrait entstand 1890.

Die Sicherheitswache im Linienamt in der Simmeringer Hauptstraße vor Schwechat, um 1920.
Das Gebäude wurde 1975 abgerissen.

Polizeiwache des Gaswerkes, um 1910.

Die Telegrafenabteilung der Polizei in der Krausegasse, um 1930.

Der Postillion stand an der Ecke Rautenstrauchgasse/Am Kanal, um 1900.

Die Belegschaft des Postamtes in der Hauffgasse ließ sich 1924 vor einem Postauto
ablichten.

Das Postamt in der Hauffgasse wurde am 27. April 1905 in Betrieb genommen.

Oberpostillion Josef Polkorab.

4

„Wiederschau'n, beehr'n Sie uns bald wieder" – Geschäfte im Bezirk

Beim Greißler, Schuster oder Friseur fanden die Kunden nicht nur ein breit gefächertes Angebot an Waren bzw. Leistungen, sondern die Geschäfte bildeten auch einen beliebten Ort der Begegnung und Aussprache.

Der Zuckerlstand Fibiger an der Ecke Sedlitzkygasse/Enkplatz, 1927.

Hier ist Maria Schippani vor ihrer Lebens-
mittelhandlung in der Grillgasse zu sehen,
1930.

Fleischhauermeister Wimmer war in der Simmeringer Hauptstraße tätig.

Die Branntweinerei Benesch.

Ein Vorläufer des heutigen Supermarktes: der „Gemischtwaren-Verschleiß" an der Ecke Lory-
straße/Hauffgasse, um 1900.

Die Papierhandlung in der Simmeringer Hauptstraße 142 zur Zeit des National-sozialismus.

In der Simmeringer Hauptstraße reiht sich Geschäft an Geschäft. Im Bild sind der Herren-schneider Tuma, die Buchbinderei Nemsik sowie ein Herren- und Damenfriseur zu erkennen.

Die größte Auswahl an Schneiderzubehör war bei Hering in der Grillgasse zu finden, 1965.

Der Laden des Friseurmeisters Rudolf Schliesser befand sich in der Kaiserebersdorferstraße 332, um 1930.

Der Raseur und Friseur Josef Formanek in der Simmeringer Hauptstraße 123, um 1910.

Das Foto entstand im Jahre 1890 im Hof des Hauses des Schuhmachermeisters Heinrich Syrowatka in der Krausegasse 17.

Schuhmacher Trnka ließ sich mit seiner Familie und den Lehrbuben fotografieren.

„Gut Ding braucht Weile" – wartender Kunde in einer Simmeringer Schusterwerkstatt.

5

Die Pflicht ruft –
Schulalltag

Um die Schulpflicht erfüllt zu haben, mußten Kinder acht Jahre zur Schule gehen. Die Schüler konnten nach fünf Jahren Volksschule die dreijährige Bürgerschule besuchen, wo auf Bedürfnisse angehender Gewerbetreibender und Landwirte Rücksicht genommen wurde. Im Jahre 1927 löste die vierjährige Hauptschule die Bürgerschule ab. Die Volksschule existierte seit dieser Zeit vier- oder achtjährig. Zur Vorbildung für ein Universitätsstudium war das Absolvieren eines achtjährigen Gymnasiums notwendig.

Simmeringer Lehrer, um 1900.

In den zwanziger Jahren drückten viele Mädchen ...

... und Buben die Schulbank in der Volksschule Braunhubergasse.

Das obligate Klassenfoto: Lehrer Öhler hatte sich mit seinen Schülern vor dem Schulgebäude in der Braunhubergasse aufgestellt, um 1925.

Frau Wiener, die Direktorin der Volksschule Braunhubergasse, in den fünfziger Jahren.

Hurra, die Schule ist aus! Kinder der Braunhuberschule auf einer Aufnahme aus dem Jahre 1940.

In der Volksschule Brehmstraße, um 1925.

„Taferlklassler" der Volksschule Brehmstraße, Weihnachten 1927.

Schüler und Lehrer der ehemaligen Bürgerschule Enkplatz, 1924/25.

Eine Mädchenklasse der Hauptschule Enkplatz. Die Aufnahme stammt aus dem Jahre 1933.

Ernest Karl Gatter war Oberlehrer der Hauptschule Enkplatz und Simmeringer Lokalhistoriker.

„Geballtes" Wissen: Die Lehrer der Hauptschule Enkplatz ließen sich 1933 fotografieren.

Wien XI. Herderplatz mit Schule.

Die Volksschule Herderplatz, 1912.

Von 1877 bis 1894 war eine Volksschule im Thürnlhof am Münnichplatz untergebracht.

Die Volksschule in der Kaiserebersdorfer Straße 65. Im Jahre 1983 wurde sie aufgelassen.

Die Schule Haeckelplatz, heute Pantucekgasse, auf einem Foto aus dem Jahre 1956. Die Baukosten für das 1914 fertiggestellte Schulgebäude betrugen 500.000 Kronen.

Herr Direktor Salzer leitete das Gymnasium
in der Gottschalkgasse, 1937.

Zu einer Kegelrunde trafen sich die Lehrer des Gymnasiums Gottschalkgasse.

„Rauchende Köpfe" bei der Matura im Gymnasium Gottschalkgasse, 1938.

Die 5. Klasse des Gymnasiums Gottschalkgasse unternahm 1933 mit Professor Mück einen Wandertag.

In der 1950 eröffneten Heimschule Hasenleiten in der Hasenleitengasse 9 wurden Kinder berufstätiger Eltern auch nach dem Unterricht betreut, um 1960.

Sichtlich interessierte Mädchen beim Handarbeiten in der Heimschule Hasenleiten, 1952.

Die Buben waren genauso interessiert beim Werken in der Heimschule Hasenleiten, 1952.

„Eins, zwei, drei, vier, Spitze; eins, zwei, drei, vier, Spitze; einmal Polka, zweimal Polka, …“ –
Viel Spaß bereitete das Volkstanzen in der Heimschule Hasenleiten, 1952.

6

Stelzengeher, Puppenmütter, Rollerfahrer – Freizeit der Kinder

Die Freizeit der Kinder spielte sich in einem Arbeiterbezirk im Hof, auf der Straße und später in den Parks ab. Aber auch Sport- und Theatervereine sowie Pfarren boten Kindern und Jugendlichen Beschäftigung nach der Schule.

Stelzengeher in der Simmeringer Hauptstraße, 1934.

Die „kleinen Damen" gingen entlang des Mühlbaches in Kaiserebersdorf spazieren, um 1910.

Eine Kindergruppe ließ sich um 1925 im Hof fotografieren.

Vor dem Schauturnen im Saal des „Brauhauses" in der Simmeringer Hauptstraße wurde dieses Foto geschossen, 1929.

Der Arbeitersportverein Kaiserebersdorf, um 1920.

Eine beliebte Freizeitbeschäftigung der Kinder war um 1930 das Spielen im Wiener Neustädter Kanal. Heute verläuft dort die Straße Am Kanal.

Das Sportplatzgebäude im Herderpark in den Dreißigerjahren.

An heißen Sommertagen herrschte auch 1939 großer Andrang im Kinderfreibad Herderpark.

„Laternenkraxler".

Puppenmutter und Rollerfahrer waren unterwegs, hier an der Ecke Braunhubergasse/Lorystraße, 1940.

Mmh, es schmeckt!

Viel Spaß hatten die Mädchen und Buben in den Sommerferien im Hort der Kinderfreunde in Kaiserebersdorf, 1948.

„Picknick" auf dem Laaerberg.

Im Turnverein ging's lustig zu: der Arbeiterturnverein Simmering, 1932.

Die Balletteinlage aus dem Theaterstück „An der schönen blauen Donau", aufgeführt vom Theaterverein Kaiserebersdorf im Jahre 1956.

Jeden Tag eine gute Tat: Pfadfinder, um 1936.

Fahnenweihe der „Frohen Kindheit", Pfarrkirche Neusimmering auf dem Enkplatz, 1932.

„Es zieh'n aus weiter Ferne drei Könige einher …“: Die Sternsinger der Pfarre Neusimmering zogen am 6. Jänner 1960 aus.

Der Kindergarten im Kloster in der Kobelgasse führte ein Weihnachtsspiel auf.

Viele Kinder rodelten am „Oberleitenbergerl" an der Ecke Oberleitengasse/Kopalgasse.

7

Muskeln und Waden –
sportliche Aktivitäten

Sport bot in der kärglichen Freizeit der Arbeiterinnen und Arbeiter Anfang des 20. Jahrhunderts ein Gegengewicht zur gleichförmigen Arbeit in der Fabrik. Arbeitersportvereine sowie „bürgerliche" Turnvereine wurden um 1900 gegründet und zählten bald tausende Mitglieder. Schauturnveranstaltungen waren eine Mischung von Körperbeherrschung, Massenauftritten und künstlerischen Effekten. Ebenfalls großen Zuspruchs erfreute sich der Fußballsport. Er forderte von den Ausübenden keine besondere Vorausbildung und war leicht auf jedem ebenen Platz zu spielen.

Scherzspiel auf dem Fußballplatz in der Leberstraße am 22. Mai 1954.

Die Gründungsmannschaft des Fußballklubs „Vorwärts XI" auf der Simmeringer Haide, 1912.

Spieler und Vereinsfunktionäre des 1912 gegründeten Sportvereins „Olympia" ließen sich 1913 fotografieren.

In ihrer Freizeit betrieben die Simmeringer Friseurmeister Sport: Sie spielten Fußball, 1925.

Die Mannschaft des Fußballklubs „Ostbahn XI" auf einer Aufnahme aus dem Jahre 1930.

Die Fußballelf des Vereins „Straßenbahnhof Simmering", um 1950.

„SJ Simmering", 1960. Als erster von rechts, hockend, ist der jetzige Bezirksvorsteher Otmar Brix zu sehen.

Sportfest des Arbeitersportvereins in Simmering im Juni 1932: Diskuswerfen …

… 1.000-Meter-Lauf …

... 60-Meter-Lauf ...

... und 1.500-Meter-Lauf.

Die Damen vom Staffellauf, 1932.

Sportlich „quer durch Simmering", 1932.

Alle wollten auf dem Foto sein: Gruppenbild des Arbeiterturnvereins Kaiserebersdorf, 1923 ...

Wr. Arb. Turnverein Gruppe XI 1926.

... und des Arbeiterturnvereins Simmering, 1926. Die Turnvereine waren nach Geschlechtern getrennt.

Perfekte Körperbeherrschung war 1931 bei der Turnvorführung des Arbeitersportvereines Simmering im „Brauhaus" gefragt.

Auch die Sportunion zeigte beim Schauturnen im „Brauhaus" ihr Können, 1955.

Turnerin des Christlich Deutschen Turnvereins am Barren, 1927.

Wie man hier sieht, waren auch im Jahre 1928 Ausflüge eine beliebte Freizeitbeschäftigung.

Einen Ausflug nach Laxenburg konnte man mit Schlittschuhen auf dem Wiener Neustädter Kanal unternehmen, 1925.

Starker Mann: der Athlet Karl Hauer. Die Aufnahme machte der Fotograf Heitel im Jahre 1893.

8

Feierabend beim Wirt'n am Eck – Wirtshäuser in Simmering

Das große Wohnungselend, vor allem in den Außenbezirken Wiens, trieb die Arbeiter in Wirtshäuser und Branntweinschenken. Dort versuchten sie, durch übermäßigen Alkoholgenuß den tristen Lebensbedingungen zu entfliehen. Frauen, die ihre Männer vom Gasthaus nach Hause holten aus Angst, sie könnten ihren Lohn vertrinken, gehörten zum Alltagsbild. Die Gasthäuser waren aber auch Gründungs- und Versammlungsort diverser Bildungs- und Theatervereine.

Das Gasthaus von Leopold Wittmann befand sich in der Simmeringer Hauptstraße 43.

Josef Dussmann, Hotel-Restauration „Zum braunen Hirschen", Inh. Marie Hacker

Simmerings einziges Hotel-Restaurant: „Der braune Hirsch" in der Simmeringer Hauptstraße 60 war bis 1955 in Betrieb.

Viele Leute vom „Grund" und viele Durchreisende von und nach Ungarn waren 1902 zu Gast im „Wirtshaus Hasenöhrl" in der Simmeringer Hauptstraße 129.

Nicht nur in der Hauptstraße, sondern auch in den Seitengassen, wie hier in der Kopalgasse, fand man unzählige Gasthäuser, um 1910.

Gäste und Personal hatten sich vor der einladenden „Gastwirtschaft Held" in der Grillgasse aufgestellt, um 1930.

Die Aufnahme vom „Gasthaus Winzig" in der Grillgasse 20 stammt aus der Zeit vor 1914.

Keine Nachschubprobleme: Das Bier wird geliefert!

Eine Postkarte von der „Anton Linha Restauration": Die Initialen des Besitzers finden sich auf dem Dach wieder.

Das an der Ostbahn gelegene „Gasthaus Schramm" in der Grillgasse, 1934.

Beim „Sandruschitz", um 1905.

1937 im Garten des „Gasthauses Sandruschitz" in der Hauffgasse 18.

Mit dieser Ansichtskarte wurde im höchsten Ausmaß geworben.

Das „Allerheiligste" jeder Gastwirtschaft ist die Küche, so auch im „Gasthaus Sandruschitz",
1937.

Die Simmeringer Bürger Berger, Suchy und Rohrhofer saßen im „Schwarzen Adler" des Gastwirtes Klein in der Simmeringer Hauptstraße, 1935.

Männer unter sich beim „Lampl-Wirt" an der Ecke Simmeringer Hauptstraße/Hasenleitengasse, 1934.

Die Stammtischrunde mit Wirt und Wirtin im Gasthaus „Wittmann" in den dreißiger Jahren.

Ein beliebtes Ausflugsziel war das Gasthaus an der Simmeringer Lände im Jahre 1906 …

… und auch noch im Jahre 1935.

Das Gasthaus „Schwarzer Adler" in Kaiserebersdorf befand sich auf dem Münnichplatz. Die Postkarte entstand um 1900.

Viel Kundschaft beim „bürgerlichen Gastwirth" Graber, um 1900.

„Krammer's Café-Restaurant" gegenüber dem zweiten Tor des Zentralfriedhofes wurde nach Friedhofsbesuchen stark frequentiert.

9

Am Sonntag –
Freizeitvergnügen in Bildern

Der Sonntag war lange Zeit der einzige Tag der Woche, an dem die arbeitenden Menschen etwas Zeit für sich hatten. Insbesondere Ausflüge in die Natur erfreuten sich großer Beliebtheit. Daneben standen auch Familienfeiern sowie Meßbesuche und Wallfahrten auf dem Programm – Anlässe, bei denen das Sonntagsgewand den festlichen Charakter signalisierte. In bürgerlichen Kreisen war die Jagd gelegentlich ein sonntägliches Vergnügen.

Simmeringer Gärtnerinnen in Mariazell, 1907.

Erinnerungsfoto an eine Wallfahrt im Jahre 1927.

Der „Mariazeller Prozessionsverein Wien XI" unternahm im August 1936 anläßlich seines 50jährigen Jubiläums eine dreitägige Wallfahrt nach Mariazell.

Die Altsimmeringer Pfarrkirche „St. Laurenz", 1956.

Der Kirchenchor „St. Laurenz" hatte 1923 einen Auftritt in Mannswörth.

Fronleichnamsprozession der Pfarre Altsimmering in der Dorfgasse, der heutigen Mautner-Markhof-Gasse, im Jahre 1920.

Einer der Fronleichnamsaltäre um „St. Laurenz", 1946.

Die Neusimmeringer Pfarrkirche „Zur Unbefleckten Empfängnis", um 1930.

Das Fest der Erstkommunion wurde in der Pfarre Neusimmering gefeiert.

Die Fronleichnamsprozession zog über den Enkplatz, 1956.

Rückkehr der Fronleichnamsprozession in die Kirche, 1956.

Pfarrer Steinböck bei der Palmprozession auf dem Enkplatz am 30. März 1958.

Palmsonntag, 1957: Viele Gläubige kamen zur Palmweihe in die Neusimmeringer Pfarrkirche.

Die Kaiserebersdorfer Pfarrkirche „Peter und Paul", 1964.

Beim Erntedankfest der Pfarre Kaiserebersdorf ...

... wurden die geernteten Früchte geweiht, um 1960.

Feier bei Familie Gey in Albern, 1903.

Das „Brautpaar" Josef und Anna Schmid beging das seltene Fest der diamantenen Hochzeit in Albern, 1910.

Beim Familientreffen in Hasenleiten, um 1925.

Mit der Überfuhr in den Prater zur Waldandacht „Maria Grün", 1933.

Sonntagsausflügler standen Schlange, um mit dem Boot über den Donaukanal in den Prater zu gelangen, um 1935.

Die Jagd war erfolgreich: der Simmeringer Jagdverein, um 1910.

Bürgermeister Franz Gey mit seinen Jagdkollegen.

Nach der Jagd entstand ein Erinnerungsfoto.

10

Kulturbegeistert –
Konzerte, Theateraufführungen, Bälle

Ob die Sänger der beiden Männergesangsvereine des Bezirkes oder die Schauspieler des an Originalität andere Laientheatergruppen weit übertreffenden Kaiserebersdorfer Theatervereins – sie alle begeisterten ihr Publikum. Das Erinnerungsfoto an eine gelungene Aufführung in den dreißiger Jahren und früher verlangte ein sorgfältiges Arrangement – die rauschende, durchtanzte Ballnacht in den fünfziger Jahren hingegen blieb durch einen Schnappschuß in Erinnerung.

Aufg'spielt wird … Von rechts sind zu sehen: Rudolf Markmüller, Geige, Michael Sicher, Klavier, Franz Jenitzer, Geige, und Josef Holubarz, Flöte, um 1908.

Theater fand auch für die Jüngsten statt.

Eine Märchenaufführung der „Sommerbühne Fretzer", 1935.

Damenimitator der „Sommerbühne Fretzer",
1935.

Das Ensemble der Fretzerbühne und sein Simmeringer Publikum, 1935.

„Die goldene Meisterin", eine Operette von Edmund Eysler, wurde 1930 vom Theaterverein Kaiserebersdorf ...

... unter der Leitung des Komponisten im „Gasthaus Nürnberger" in der Schmidgunstgasse aufgeführt.

Hedi Smetana war die Darstellerin der „goldenen Meisterin", 1930.

„Frühling im Wienerwald", 1933.

„Das Schwalbennest", 1929.

5 Jähr. Jubiläumsaufführung.
„ Der fidele Bauer" Dezember 193

„Der fidele Bauer" war ebenfalls ein großer Erfolg der Laientheatergruppe Kaiserebersdorf, 1934.

Die „Mannen" der E-Werks-Kapelle am 30. April 1934.

Jugendliche musizierten im „1. Simmeringer Akkordeonclub", 1948.

M.-G.-V. Simmeringer Liedertafel „Eintracht". Gegründet 1871.

Sangesfreudige Simmeringer.

Gesangquartett des Männergesangvereins „Simmeringer Liedertafel Eintracht".

Der Fotograf hatte Mühe, alle Mitglieder auf das Bild zu bekommen – der Simmeringer Männergesangverein beim Sängerfest im Jahre 1930.

Anläßlich des 90jährigen Jubiläums des Simmeringer Männergesangvereins fand 1961 eine Fahnenweihe statt. Fahnenpatin war Frau Mautner Markhof.

Der Fahnenschwung, 1961.

Beim Jubiläumskonzert im Saal des „Brauhauses" traten die Kapelle Ferdinand Rauscher …

… und der Simmeringer Männergesangverein auf.

Faschingsdienstag, 1956: Faschingsumzug der Arbeiter von Mautner Markhof.

Freude am Verkleiden, Fasching 1956.

Die Wienerliedsängerin Charlotte Prinz bei einem Ball im Saal des „Brauhauses", 1951.

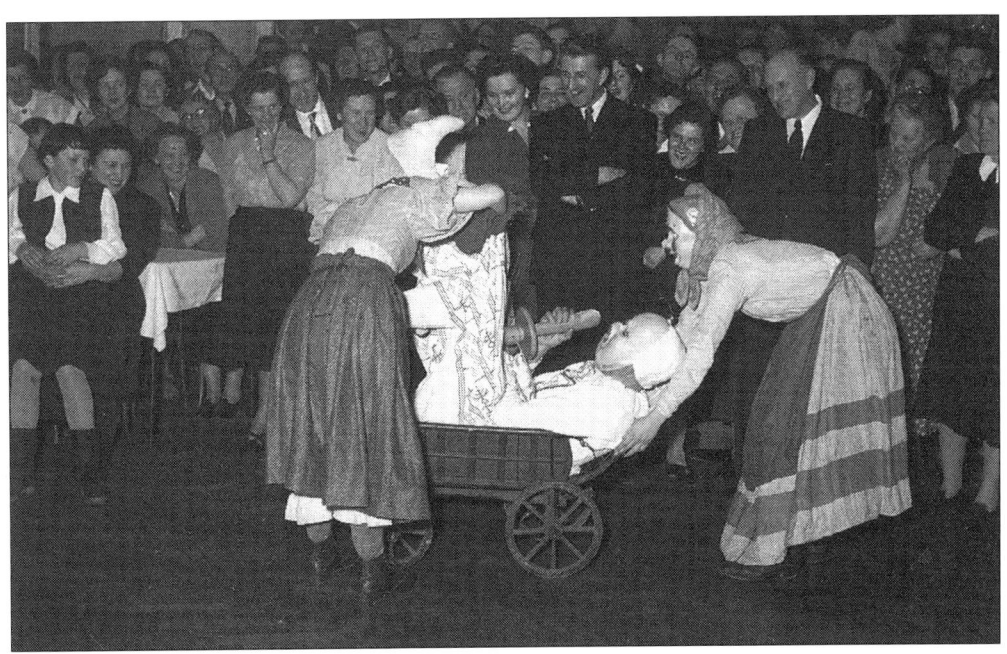

Faschingskränzchen der Naturfreunde, 1955.

Bezirksball der ÖVP im „Brauhaus" – der Einzug der Ehrengäste, 1953, …

… und der Einzug des Jungdamen- und Jungherrenkomitees, 1957.

„Alles Walzer" in Simmering, um 1960.

Literatur- und Bildnachweis

Havelka, Hans: Simmering, Jugend und Volk, 1991.
Historisches Lexikon Wien, Hrsg. Felix Czeike, Kremayr & Scheriau, 1992 ff.
Klusacek, Christine und Kurt Stimmer: Simmering, Mohl Verlag, 1997.
Kultur auf Schritt und Tritt in Simmering, Redaktion Petra Leban, Hrsg. Wiener Volksbildungswerk, 1998.
Nach der Arbeit, Hrsg. Winfried Bruckner, Franz Stadlmann, Regina Zwerger, Europa Verlag, 1987.
Slapansky, Wolfgang: Das kleine Vergnügen an der Peripherie, Picus Verlag, 1992.
Stadtchronik Wien, Verlag Christian Brandstätter, 1986.

Das Bildmaterial stammt aus dem Archiv des Bezirksmuseums Simmering. Die Fotos auf den Seiten 61 und 62 wurden von mediawien zur Verfügung gestellt. Erika Podpera lieh die Bilder auf den Seiten 108, 111 (unten) sowie 112.

Die Heimat entdecken!

Von Kiel bis Wien,
von Aachen bis Görlitz:
Entdecken Sie Alltagsgeschichten
aus Ihrer Heimatstadt!

Leben in der Großstadt ...

Tauchen Sie ein in das quirlige Großstadtleben vergangener Tage. Spazieren Sie über breite Boulevards und stürzen Sie sich ins Nachtleben. Erkunden Sie ihre Stadt durch die Fensterscheiben einer Straßenbahn oder des ersten Käfers und bewundern Sie prächtig geschmückte Schaufenster.

... und ländliche Idylle

Wie sah das Leben in Ihrer Heimat aus, als die Bauern noch mit Pferden pflügten und jedes Dorf seinen eigenen Schmied hatte, jeder noch jeden kannte und das Leben sich zwischen Kirche, Wirtshaus und Wohnküche abspielte?

Erinnerungen an die Schulzeit …

Erinnern Sie sich noch an die Zeiten von Abakus und Schiefertafel, an Klassenausflüge oder den ersten Taschenrechner? Blicken Sie zurück auf große Klassen und gestrenge Schulmeister, entdecken Sie auf Klassenfotos Freunde und Bekannte von früher!

… und das Arbeitsleben

Entdecken Sie, wie sich das Arbeitsleben in den letzten hundert Jahren verändert hat. Werfen Sie einen Blick in Fabrikhallen, blicken Sie Handwerksmeistern bei ihrer Arbeit über die Schulter und erinnern Sie sich an den Einkauf im Tante-Emma-Laden.

Gesellige Stunden im Verein …

Fußballclub und Schützenverein, Musikkapelle und Gesellenverein: Schauen Sie zurück auf Volksfeste und Turniere, Chorproben oder Prunksitzungen. Erinnern Sie sich an schöne Stunden und das gesellschaftliche Leben in Ihrer Heimat.

... und im Familienkreis

Werfen Sie einen Blick in die Wohnzimmer vergangener Tage und entdecken Sie, wie sich zwischen schweren Eichenmöbeln, Nierentischen und Ikea-Regalen der Alltag verändert hat. Erleben Sie Familienfeiern und Weihnachtsfeste im Wandel der Jahrzehnte mit.

Alltagsgeschichte in historischen Fotos zu über 1000 Regionen, Städten und Gemeinden

Bestellen Sie jetzt
Ihr persönliches Exemplar auf

www.suttonverlag.de

FSC
www.fsc.org

MIX

Papier | Fördert
gute Waldnutzung

FSC® C083411

Zeitfracht Medien GmbH
Ferdinand-Jühlke-Straße 7
99095 Erfurt, Deutschland
produktsicherheit@kolibri360.de

Druck:
CPI Druckdienstleistungen GmbH
im Auftrag der
Zeitfracht Medien GmbH
Ein Unternehmen der Zeitfracht - Gruppe
Ferdinand-Jühlke-Str. 7
99095 Erfurt